AF312227

Vente du Vendredi 9 Mai 1862

TABLEAUX

ANCIENS ET MODERNES

DESSINS ET AQUARELLES MODERNES

EXPOSITION PUBLIQUE

Le Jeudi 8 Mai 1862

M. Ch. **PILLET**, Commissaire-Priseur

M. Francis **PETIT**, Expert

PARIS. IMPRIMERIE DE PILLET FILS AINÉ

5, RUE DES GRANDS-AUGUSTINS.

CATALOGUE

DE

TABLEAUX

ANCIENS ET MODERNES

ET

DESSINS ET AQUARELLES MODERNES

Composant la Collection de M. H***

DONT LA VENTE AURA LIEU

HOTEL DROUOT, SALLE N° 1

Le Vendredi 9 Mai 1862

A DEUX HEURES ET DEMIE PRÉCISES

***

Par le ministère de Mᵉ **CHARLES PILLET**, Commissaire-Priseur,
rue de Choiseul, n° 11,

Assisté de M. **FRANCIS PETIT**, Expert, rue de Provence, 43.

Chez lesquels se distribue le présent Catalogue.

***

EXPOSITION PUBLIQUE

Le Jeudi 8 Mai 1862, de une heure à cinq heures.

CATALOGUE

DE

TABLEAUX

ANCIENS ET MODERNES

ET

DESSINS ET AQUARELLES MODERNES

Composant la Collection de M. H***

DONT LA VENTE AURA LIEU

HOTEL DROUOT, SALLE N° 1

Le Vendredi 9 Mai 1862

A DEUX HEURES ET DEMIE PRÉCISES

Par le ministère de Me **CHARLES PILLET**, Commissaire-Priseur,
rue de Choiseul, n° 11,

Assisté de M. **FRANCIS PETIT**, Expert, rue de Provence, 43.

Chez lesquels se distribue le présent Catalogue.

EXPOSITION PUBLIQUE

Le Jeudi 8 Mai 1862, de une heure à cinq heures.

CONDITIONS DE LA VENTE

Elle sera faite au comptant.

Les adjudicataires payeront *cinq pour cent* en sus des enchères, applicables aux frais.

Paris. — Imp. DE PILLET fils aîné, rue des Grands-Augustins, 5.

DÉSIGNATION

DES DESSINS

ALAUX (Aline)

1 — Coq et Poules.

(Aquarelle.)

BEAUME

2 — Les Trois âges.

(Aquarelle.)

BEAUMONT (Édouard de)

3 — Chronique de Paris.

(Aquarelle.)

4 — Une dépêche télégraphique.

(Aquarelle.)

5 — Plus souvent !.....

(Aquarelle.)

6 — Une étoile qui file.....

(Aquarelle.)

BELLANGÉ

7 — .... Présentez.. armes !....

(Aquarelle.)

BENOUVILLE (Léon)

8 — Famille de paysans italiens.

(Aquarelle.)

BOUTON

9 — Intérieur d'église.

(Aquarelle.)

CHARLET

10 — Les Amateurs de tableaux.

(Aquarelle.

CICÉRI PÈRE

11 — Paysage et chaumière.

(Aquarelle.)

COIGNET (J.)

12 — La Croix du rocher.

(Aquarelle.)

COLIN (A.)

13 — Pêcheurs.

(Aquarelle.)

COUTAN

14 — Italiennes à la fontaine.

(Sépia.)

DAVID (L.)

15 — Soldats romains.

(Dessin.)

15 *bis*. — Deux études.

(Dessin à la plume.)

DECAMPS

16 — Chariot pris par des contrebandiers.

(Sépia.)

17 — Soldats grecs.

(Petit fixé pour une broche.)

18 — Femme couchée.

(Aquarelle pour une épingle.)

DELAROCHE (Paul)

19 — Tête de jeune femme couchée.

(Dessin.)

DEVÉRIA (A.)

20 — Jeune mère et son enfant.

(Sépia.)

DEVÉRIA (E.)

21 — L'Heureux damoiseau.....

(Aquarelle.

DUMÉE

22 — Mare de Moulineau.

(Aquarelle.)

DUPRÉ (J.)

23 — Famille de pêcheurs sur la plage.

(Aquarelle.)

FORT (Siméon)

24 — Paysage.

Sépia.)

FRAGONARD (Th.)

25 — Missive d'amour.

(Aquarelle.)

26 — Souvenir de Rouen

(Aquarelle.)

GARNERAY (Hip.)

27 — Frontispice d'un album.

(Aquarelle.)

GIRODET

28 — Mort d'Annibal.

(Aquarelle.)

GIROUX (André)

29 — Paysage et animaux.

(Lavis rehaussé.

GRANET

30 — Les Pères de la Rédemption rachetant des esclaves à
Tunis. Règne de saint Louis.

(Aquarelle.)

GRANDVILLE

31 — Les Visiteurs.

... « Avez- vous dîné, Messieurs? (Réponse vivement et
à la fois.....) — Non, Monsieur.... — «Diable, vous dînez
bien tard ! »

(Dessin rehaussé.)

GUÉ

32 — Le Hameau.

(Aquarelle.)

GUÉ (O.)

33 — Église de village.

(Aquarelle.)

GUDIN

34 — Grève de Trouville.

(Sépia.

GUET

35 — Départ pour la pêche.

(Aquarelle.)

HUBERT

36 — Paysage.

(Aquarelle)

ISABEY (E.)

37 — Marée basse.

(Dessin.)

38 — Souvenir de Caen.

(Aquarelle.)

JOHANNOT (A.)

39 — Arrestation de Charles Ier.

(Aquarelle.

LECOMTE (Hip.

40 — Masaniello.

(Aquarelle.)

LEPOITTEVIN

41 — Retour de la pêche.

(Aquarelle.)

LEPRINCE (Léopold)

42 — Le Marché aux porcs.

(Aquarelle.)

LESCOT (HAUDEBOURT-)

43 — La Dernière ressource du joueur.

(Aquarelle.)

LONGUET

44 — Petite fille jouant avec un chat.

(Aquarelle.)

OUVRIÉ (Justin)

45 — Vue prise à Amsterdam.

(Aquarelle.)

46 — Vue prise à l'Étang-la-Ville

(Aquarelle.)

OUVRIÉ (JUSTIN)

47 — Vue prise à Montmartre.

(Sépia.)

PIGAL

48 — Deux profonds politiques.

(Aquarelle.)

RAFFET

49 — Groupe de soldats de la République.

(Aquarelle.)

REDOUTÉ

50 — Bouquet de fleurs.

(Aquarelle.)

RENOUX

51 — Cloître en ruines.

(Sépia.)

ROBERT-FLEURY

52 — Petit berger et son troupeau surpris par l'orage.

(Aquarelle.)

ROQUEPLAN

53 — Vue de Quillebeuf.

(Aquarelle.)

SCHEFFER (Ary)

54 — La démence de Charles VI.

(Dessin.)

SOLDÉ

55 — L'Avare.

(Aquarelle.)

SWEBACH PÈRE

56 — Voyageurs escortés par des Cosaques.

(Aquarelle.)

VANDER-BURCH

— Ferme en Champagne.

VERNET (HORACE)

58 — Chasse au Marais.

(Sépia.)

59 — Marchand de peaux de lapins.

(Sépia.)

VERNET (Carle)

60 — Louis XVIII rentrant en France.

(Aquarelle.

61 — Divers types de soldats.

(Aquarelle.)

VERNET-LAUZET

62 — Bestiaux à l'abreuvoir.

(Aquarelle.)

VILLERET

63 — Église de Nemours.

(Aquarelle.)

WATELET

26.

64 — Bords de la Nièvre.

(Aquarelle.)

ZIEM

117.

65 — Moulin au bord de l'Amstel. Effet de soleil couchant.

(Aquarelle.)

TABLEAUX

CAVÉ (MME)

66 — La Leçon de dessin.

CORNU

67 — Portrait de M. Aguado, marquis de Las Marismas.

CUYP

68 — Choc de cavalerie.

DELABERGE

69 — Paysage historique.

DELAROCHE (P.)

70 — Tête d'homme.

DESTOUCHES

— Le Baiser.

DROLING PÈRE

72 — Jeune musicien.

GRANET

73 — Béatrix Cinci allant au supplice.

Collection de Turenne.

HERMAN (D'ITALIE)

74 — Paysage.

ISABEY

75 — Marine. Effet d'orage.

JOHANNOT (A.)

76 — Élisabeth partant pour l'Écosse.

JOUVENET

77 — Jésus guérissant le paralytique.

LANCRET

78 — Le Loisir des comédiens.

Collection du marquis d'Alligre.

LANSAC

79 — Chevaux à l'écurie.

LEMOYNE (François)

80 — Narcisse.

LUCATELLI

81 — Halte de Bohémiens. Le Repas et la danse.

Deux tableaux faisant pendant.

MAISON

82 — L'Ange gardien.

83 — Intérieur grec.

MARTIN (MLLE), d'après Steuben.

84 — Jeune mère et son enfant.

MEYNIER

85 — Nymphe surprise.

OLAGNON

86 — Paysanne maconnaise.

OMMEGANEK (attribué à). Signé B. P. Ommeganek, 1814.

87 — Troupeau traversant un gué.

ORSEL

88 — Une sainte.

OSTADE (Genre)

89 — Intérieur avec figures.

PAGNEST

90 — Esquisse de concours.

RIOULT

91 — Léda.

92 — Diane au bain.

ROBERT-FLEURY

93 — Artistes français dessinant des pèlerins endormis près
d'un couvent en Italie.

ROQUEPLAN

103. 94 — Marine.

ROUSSEAU (N.)

95 — Vallée de Normandie.

SAINT-JEAN

1410.
retiré

96 — L'offrande à la Vierge.

Fleurs et lierres avec cette inscription au-dessous d'une petite figure de la Vierge :

A MARIE, LE 2 MAI 1833.

335. 97 — La Vierge aux roses.

Esquisse du tableau acquis pour le Musée.

SCHEFFER (Henry)

2,200 98 — Arrestation de Charlotte Corday.

Variante du tableau du musée du Luxembourg et de la même importance.

STEUBEN

99 — Guillaume Tell.

> Tableau provenant de la galerie du Palais-Royal.

100 — Portrait d'Anne d'Autriche.

> Esquisse du portrait qui est à la galerie de Versailles.

THOMAS

101 — Esquisse de concours.

VAN SPENDONCK (Gérard)

102 — Bouquet de fleurs dans un vase.

> Tableau important.

WENIX (J.) Signé, 1660.

103 — Gibier.

ÉCOLE FRANÇAISE

104 — Le Petit joueur de flûte.

105 — Portrait de femme.

106 — La fiancée du roi de Garbes.

107 — Vénus chez Vulcain.

(Grisaille)

ÉCOLE ITALIENNE

108 — Sujet religieux.

9 782329 510422